Karl von Eckartshausen

Ur-Lamechs von Sirap der Sündflut entrissene Gesänge

Karl von Eckartshausen

Ur-Lamechs von Sirap der Sündflut entrissene Gesänge

ISBN/EAN: 9783744701440

Hergestellt in Europa, USA, Kanada, Australien, Japan

Cover: Foto ©Thomas Meinert / pixelio.de

Weitere Bücher finden Sie auf **www.hansebooks.com**

Ur-Lamechs von Sirap

der

Sündflut entrissene Gesänge.

Von

dem Hofrath von Eckartshausen.

München, 1786.
bey Joseph Lentner.

Vorrede
des
deutschen Uebersetzers.

So wenig ich selbst von Vorreden ein Liebhaber bin, daß ich gar viele — besonders wenn sie ein Drittel Raum des Buches einnehmen — ungeduldig überschlage; denn nur zu oft sind sie der indiskreteste Probierstein der Geduld des Lesers, enthalten nichts als kahle Entschuldigungen, gallsüchtige Ausfälle gegen die Recensenten, oder einen Nebenbuhler, und Sottisen eines ungezogenen Burschen an das Publikum: so kann ich doch selbst, wenigst für diesmal, dieses nothwendige Uebel nicht entbehren.

So unwichtig und überflüssig eine Vorrede für den Leser seyn kann, so unentbehrlich ist sie manchmal dem Verfasser, und der Fall trift gerade hier ein.

Unser Zeitalter ist wirklich so allgemein verdorben, daß man nichts — gar nichts schreiben kann, ohne nicht hie und da anzustoßen, und eine unangenehme Sensation zu erregen, die für den Verfasser unangenehme Folgen haben kann; und Arlamech ist gerade der Mann — er schrieb zu einer Zeit, wo die Menschen, so lasterhaft sie auch waren, sich dennoch die Wahrheit sagen ließen, ohne den Prediger zu steinigen, und ihm keinen andern Verdruß machten, als daß sie ihn nicht achteten — der die Delikateße seiner Leser am wenigsten schont. Er nahm die Wahrheit aus dem Herzen, und sagte sie den Menschen frey, und mit lauter Stimme ins Gesicht.

Nun sind aber die Zeiten schlimmer, und in dieser Rücksicht, glaub ich, fand es
der

der französische Uebersetzer für gut, sein Büchlein durch die Zensur authentisiren zu lassen, und sich hinter die geheiligte Majestät seines Königs gegen die Anfälle gallsüchtiger Feinde der Wahrheit zu sichern. Beydes, *Approbation du censeur royal*, und *Permission du Sceau* sind seinem Buche beygedruckt, und beydes finde ich in eben dieser Rücksicht nöthig bey der deutschen Uebersetzung in Originali abdrucken zu lassen, um sie den Kunstdrehern unsrer Zeit die, das schönste Bild — nur weil es das Bild der Wahrheit ist — in eine schlangenartige Furie zu travestiren wissen, vorzuhalten, wenn ihnen etwa die Lust ankäme, hie und da ein Wort boshaft zu verdrehen. Als blos getreuer, wörtlicher Uebersetzer habe ich ohnehin keinen Antheil an dem Werke, als daß es vielleicht um einige hundert Personen mehr lesen, die es vorhin aus Mangel der Sprache nicht würden haben lesen können;

nen; aber ich dachte, was man in ganz Frankreich, unter dem geheiligten Ansehn des Königs und der Zensur lesen darf, darf man auch in Deutschland ohne Gewissensskrupel lesen.

Das wars nun, was ich für nöthig zu sagen glaubte; der Leser sieht nun, daß die ganze Vorrede blos für mich geschrieben ist, und kann sie also ohne weiters überschlagen.

Appro-

Approbation du censeur Royal.

J'ai lu, par ordre de Monseigneur le Garde des Sceaux, un Manuscrit ayant pour titre: *Livre échappé au Deluge, ou Pseaumes nouvellement découvertes*, par M. Maréchal, Editeur: cet ouvrage écrit dans le style qui lui est propre, respire le sentiment, & ne peut que rapeller á la Religion ceux qui en sont le plus éloignés. Il est un témoignage satisfaisant des talens & bons principes de l'Auteur. M. l'Abbé de Reyrac, dont les lettres pleurent la perte, s'étoit distingué par des Hymnes, que la postérité aimera toujours à relire ; M. Marchal s'annonce comme son digne émule, par des Pseaumes qui ne meritent pas moins l'attention des Lecteurs religieux & de bongout. Je n'y ai d'ailleurs rien trouvé qui puisse en empecher l'impression. A Paris, ce 23. Juillet 1784.

L' Abbé Roy.

Permiſſion du Sceau.

Louis, par la grace de Dieu, Roi de France & de Navarre: A nos amés & féaux Conſeillers les Gens tenans nos Cours de Parlement, Maîtres des Requêtes ordinaires de notre Hôtel, Grand-Conſeil, Prévôt de Paris, Baillifs, Sénéchaux; leurs Lieutenants civils & autres nos Juſticiers qu'il appartiendra : Salut. Notre amé le ſieur Maréchal Nous a fait expoſer qu'il deſireroit faire imperimer & donner au Public un Ouvrage de ſa compoſition intitulé, *Pſeaumes nouveaux* s'il nous plaiſoit lui accorder nos lettres de permiſſion pour ce neceſſaires. A ces cauſes, voulant favorablement traiter l'Expoſant, nous lui avons permis & permettons par ces Preſentes, de faire imprimer ledit Ouvrage autant de fois que bon lui ſemblera & de le faire vendre & debiter par tout notre Royaume, pendant le tems de cinq années conſécutives, à compter du jour de la date des Préſentes. Faiſons défenſes &c. Donné à Paris le ſixiéme jour du mois d'Octobre, l'an de grace mil

mil sept cent quatre-vingt-quatre, & de notre Regne le onzieme. Par le Roi, en son Conseil.

Le Beguf.

Regiftré fur le Regiftre XXII de la Chambre Royale & Syndicale des libraires & Imprimeurs de Paris, Nro. 60 Fol. 106, conformément aux difpofitions énoncés dans la préfente Permiffion, & à la charge de remettre à ladite chambre les huit Exemplaires prefcrits par l'Arrêt CVIII du Reglement de 1723. A Paris, le 8 Octobre 1784.

*Signé Valleyre, jeune,
Adjoint.*

Der Verfasser dem Leser!

Bodmer, der helleste und tiefeste Kritiker, den Teutschland jemals aufweisen konnte, sagt uns im 8ten Gesange seiner Noahide „daß Debora, Sems Weib die Gesänge des Elihu, des ersten Dichters, und den selbst die Patriarchen mit dem Namen: der Göttliche beehrten, von der allgemeinen Sündflut gerettet und in der Arche aufbewahrt habe. Aber da diese Gesänge den Nachkömmlingen Noahs bald zu hoch wurden, so wurden sie von Engeln der Erde geraubt, um ihnen zu ihren Preisgesängen des Schöpfers zu dienen."

Elihu

Elihu ist aber nicht der einzige antediluvianische Schriftsteller, dessen Namen sich bis auf unsere Zeiten erhalten hat. Ohne von Adam zu reden, den man für den Verfasser des 92 Psalms hält; zu geschweigen von den Büchern, die man dem Seth zuschreibt; so zitirt man aus den 12 Testamenten der Patriarchen einige Fragmente eines Buches, das Henoch lange vor Noah soll gemacht haben: der heil. Apostel Judas sagt, er wäre ein Prophet gewesen, oder doch der Verfasser einer gewissen Prophezeihung, die 4082 Zeilen stark gewesen seyn soll. Noah, setzt man hinzu, habe sie sorgfältig in seiner Arche aufbehalten. Die Ethiopier rühmen sich, daß sie die Werke des Henoch besitzen. Die Araber eignen ihm jene zu, davon die Egyptier

tier ihren Merkur Trismegist zum Verfasser angeben. Die Muselmänner machen ihn zum Erfinder verschiedener Wissenschaften, über welche alle er nach ihrem Vorgeben was Schriftliches hinterlassen hat.

Während das Noah seine Arche baute, um nicht auch mit in die allgemeine Ungnade seines Herrn, die seinen verderbten Zeitgenossen drohete, begriffen zu werden, machte sein Anverwandter Ar-Lamech Gesänge, um seine ausgearteten Mitmenschen zur ursprünglichen Einfalt des patriarchalischen Lebens zurückzuführen. Aber — ach! das Werk war kaum fertig, als das ganze Menschengeschlecht, wie uns aus der Schrift bekannt ist, mit einer allgemeinen Ueberschwemschwemmung überfallen wurde, und also keine Zeit mehr hatte, von den Psalmen des Ar-Lamech Gebrauch zu machen.

Der Verfasser flüchtete sich mit seinem Werke in die Arche. Ich finde es überflüssig und zu langweilig zu erzählen, wie sich diese Gesänge durch soviele Jahrhunderte bis auf unsere Tage erhalten haben, und warum sie so spät das Tageslicht erblicken. Da sie nur die Bekehrung der Bösen bezwecken, so hatten sie nicht das glänzende Glück der Gesänge des Elihu. Aber vielleicht erwartet man auch zu Bekanntmachung dieser Gesänge eine Zeit, wo das allgemeine Verderben der Sitten, das den guten Ar-Lamech zu schreiben nöthigte, von neuem den Erdboden verpesten wird.

So

So will man auch, daß Henoch einst noch auf die Erde heruntersteigen wird, um den neuerdings verderbten Nationen Buße zu predigen. Diese Gesänge können also zur Vorbereitung seiner Ankunft dienen.

Ich finde die Voraussetzung sehr gut, daß der Ueberseter dieser antediluvianischen Gesänge sich im geringsten nicht scheuet, dieses Denkmal der Urwelt an mehrern Stellen dem heutigen Zeitalter anzupassen, ohne daß es jemals das Gepräge der Originalität verlieren sollte. Im Gegentheil geben ihm diese kleinen Anachronismen jenen Anstrich prophetischen Geistes, der die Gesänge Davids so schätzbar macht.

Der Herausgeber giebt diese Gesänge um so zuversichtlicher ans Licht, da
er

er nicht der erste ist, der es waget, in Davids Fußstapfen zu tretten. Anton, König von Portugall, der sich nach Frankreich geflüchtet hat, und zu Paris den 16. August im Jahre 1595 im 66ten Jahre seines Altars verstarb, hat selbst mehrere Gesänge in portugiesischer Sprache gemacht, davon 1701 eine Uebersetzung erschien.

Jünger noch ist die Erscheinung einer grossen Anzahl Gesänge, die David Pinto, ein holländischer Jude in hebraischer Sprache herausgab.

Ich glaube vielmehr, daß man sich, statt über die Kühnheit des Unternehmens zu erstaunen, wundern sollte, wie ein so vortrefliches Original als David, nicht schon längst Nachahmer gefunden habe.

Histo-

Historische Nachrichten
über
den Verfasser dieser Gesänge.

Ar-Lamech entsproß im Schoose einer grossen Stadt, die aber nichts weniger als der Wohnsitz guter Sitten war, und in einem Jahrhunderte, das nicht mehr das goldene hieß. Er bewieß das schon in dem ersten Augenblicke seiner Geburt; denn man hatte viele Mühe, ihn zur Welt zu bringen. Ja einige weise Frauen, die bey seiner Geburt gegenwärtig waren, wollen das Kind sogar sagen gehört haben: Was soll ich thun auf der Erde? ich komme ja viel zu spät an. Man behauptet, daß ihm diese Worte eine solche Anstrengung der noch ungebildeten, schwachen Sprachorgane gekostet haben soll, daß er sein ganzes übriges Leben hindurch stammelte.

Seine

Seine Erziehung hatte er niemanden, als sich selbst zu danken. Seine Eltern wollten zwar, daß er sich auf die Handlung verlegen sollte; aber sein wahrer Beruf entdeckte sich bald, und wiedersetzte sich diesen zu gränzten Außsichten. In seiner Jugend war er sehr nachdenkend und wenig zerstreut; aber sein Geist, wie sein ganzes übriges Individuum war gar nicht voreilig. Die Früchte, die er trug, reiften langsam, und waren vielleicht für den Magen seiner Zeitgenossen zu kräftig und zu niedlich. Sanfte, friedliche Neigungen waren der Grund seines Charakters, und sein Herz, gemacht zu zärtlichen Gefühlen, mäßigte den Schwung seiner heftigen Einbildungskraft, und hielt sie in ihren Gränzen. Das süsse Mittelmaß war seines Herzens Abgott, und öfters brachte er der unbiegsamen Freyheit ein theures Opfer. Sein Verhängniß hatte ihn dazu verurtheilt, einen grossen Theil seines Lebens in der Stadt zuzubringen, aber sobald es ihm möglich war, entschlüpfte er seinem Kerker,

und

und floh auf das Land. Der Aufenthalt in Wäldern und hohen Bergen schien ihm vorzüglich sein Vaterland. Nur da war's ihm wohl. Seine Seele wurde groß im Angesicht der Natur.

Eine Lebensart, die von seiner dermaligen so sehr verschieden, ihr gerade entgegen gesetzt war, erwartete ihn nun, und gab ihm Gelegenheit, seine Verstandeskräften zu entwickeln. Man vertraute ihm die Aufsicht über eine der schönsten und grösten Bibliothecken an. Dieser untere Posten, so unwichtig er in den Augen seines Gleichen schien, wurde ihm bald lieb und theuer. Er beschäftigte sich nun unaufhörlich die besten Bücher, die je aus Menschenhirn entsprossen, mit dem grossen Buche der Natur zu konfrontiren.

Mit Irrthümern aller Art, aller Zeiten und aller Orte umrungen hatte er noch einen Vortheil; (wenn es je einer ist) er wurde der Spießgeselle der Authoren und der Mäzen der Lüge. Er benutzte sie, um die Vorurtheile in ihrer

Quelle

Quelle selbst zu untersuchen. Er würdigte sogar die Heuchler seines Umgangs und stattete bey Charlatanen seine öftern Besuche ab, um zu lernen, wie er sie einst entlarven müsse. Der Anblick des Lasters, den er am nächsten hatte, begeisterte ihn nur noch mehr zur Tugend. Er wollte lange in der Gesellschaft keine andere Rolle mehr spielen und begnügte sich, der Zuschauer der Mißbräuche und Ausschweifungen zu seyn, ohne daß seine Seele damit angesteckt wurde.

Ja zu Zeiten sah man ihn sogar, um sich seinen Beruf zu erleichtern, öffentlich eine Art von Leichtfertigkeit annehmen, und sich für einen unbedeutenden und flüchtigen Menschen ausgeben, um sich jenen nicht verdächtig zu machen, die er in der Nähe beobachten wollte. Daher verbarg man nichts vor seinen Augen, und verschwieg ihm nichts; man traute ihm ein blödes Gesicht und ein hartes Gehör zu. So erreichte er seinen Zweck, die Geheimnisse der Bösen und der Thoren zu überraschen, um berechtigt zu seyn, sie einst vor dem Tribunal der Vernunft zu verrathen. Die

Die Gesänge, die ich so eben herausgebe, sind nur geringe Muster seiner Art zu sehen, zu fühlen, und auszudrücken, was er sah und fühlte. Vielleicht läßt sich einst das grosse Werk auffinden, womit er sich unabläßig die Hälfte seines Lebens bis zu seinem Tode beschäftigte; worüber man aber zur Zeit noch so wenig ausführliches zu sagen hat, als man immer kann und versichern darf.

Erster Gesang.
Der Dichter verkündigt seine Sendung.

1.

Gott der Wahrheit! löse meine Zunge; ich will dich den Menschen verkündigen.

2. Damit sie nicht sagen sollen von mir: der Apostel der Wahrheit stammle.

3. In dem Alter, wo der Heiligste der Propheten auf dem Berge predigen wird, will auch ich, lange vor ihm, der geringste Schüler des Bescheidensten aller Menschen Wahrheit singen.

4. Ich will mich hinsetzen auf die untersten Stuffen des Tempels der Wahrheit.

5. Da will ich horchen an der Pforte des Heiligthums; und will schreiben, was mir verständlich ist.

6. In

6. In dem Alter, wo der Gott der Unschuld das Nachopfer der Bösen wird, um den Gerechten zum Vorbild zu dienen,

7. Will auch ich ein Martyr für den Gott der Wahrheit werden.

8. Aber, ach! ich laufe niemals solche Gefahr; denn ich rede zu Tauben und schreibe für Blinde.

9. Und Taube werden die Augen zudrücken, damit sie nicht lesen können, was ich schreibe; Blinde werden sich die Ohren verstopfen, damit sie meine Stimme nicht hören.

Zweyter Gesang.
Er weiht sich seinen Brüdern.

1.

Du, Sonne der Gerechtigkeit! steige auf über meine Stirne; und gewöhne meinen schwachen Blick in deine Stralen zu sehen.

2. Ich will dich vor der Morgenröthe verkündigen, und der Wiederhall der Nacht wird die Worte des Tages wiederhollen.

3. Se

3. Selig, wer sich dem Dienste des Gottes der Wahrheit weihet.

4. Selig, wer Muth hat, bey den Altären des Gottes der Wahrheit zu dienen.

5. Herr! mein Gott! in allen den Strassen der grossen Stadt, wo ich gebohren bin,

6. Will ich, daß man an allen Thüren lese den Namen des Gottes der Wahrheit.

7. Mit unauslöschlichen Zügen will ich diesen Namen schreiben, während dem Schlafe der Nacht.

8. Und meine Mitbürger, neubegierig, werden, wenn sie am Morgen erwachen, den Namen des Gottes der Wahrheit auf ihren Thüren lesen.

Dritter Gesang.

Wunsch für den Reichen.

1.

Gott der Güte! versage mir nicht die Gabe des Gefühls zu rühren, denn ich will bis in das Herz des Reichen bringen.

2. Aber

2. Aber hat der Reiche auch ein Inners? und wenn er ein Herz hat, ist es von Fleisch?

3. Der Arme ist in den Augen des Reichen, als wenn er gar nicht wäre — ein Nichts.

4. Das Herz des Reichen ist wie ein Felsen, wo das Wort des Gottes der Güte nicht Wurzel fassen kann.

5. Herr! verwandle dieses Felsenherz in einen Magnet,

6. Der den Armen an sich zieht, daß beyde eines werden.

7. Gott der Güte! theile der Seele des Reichen deine allumfassende Tugend mit;

8. Damit er der Natur folge, die nur empfängt um wieder zu geben.

9. Herr! Herr! ich rufe zu dir aus dem Schoose der Hauptstadt reicher Sybariten.

10. Möchte meine Stimme mitten durch die Ungerechtigkeiten, die lauter schreyen als ich, zu dir dringen wie ein Lichtstrahl durch die Wolken.

Vierter Gesang.
Vom Tempel der Wahrheit.

1. Herr, Herr! ich muß einen Augenblick den Sitz der Wahrheit besteigen;

2. Weil die Diener des Gottes der Wahrheit Verräther ihrer Sendung sind.

3. Die Feigen! ich sah sie zittern vor den Erdekönigen.

4. Ich sah sie die Wahrheit mit dem verführenden Gewande der Lüge bekleiden. Die Feigen!

5. Sie werden vielleicht sagen: wer ist der, der es wagt, sich im Namen des Gottes der Wahrheit zu verkündigen?

6. Er wählt seine Zeit schlecht. Und dann — wie berechtigt er seine Sendung?

7. Ha! wie! der, der vor kurzem noch auf Saiten der Wollust spielte, und zärtliche Lieder der Minne sang,

8. Der wagt es itzt die Saiten zu berühren auf der Patriarchenharfe.

9. Ja!

9. Ja! Eben der. Er kömmt aus dem Garten des Vergnügens, um die Früchten der Weisheit zu sammeln.

10. Ja, Herr! Gleich dem gelehrigen Lamme laufe ich der Stimme des weisesten Hirten zu.

11. O mein Gott! Ich will aus deiner Hand das rohe Brod der Wahrheit essen, und es meinen Gleichgeschaffnen zu kosten geben.

Fünfter Gesang.
Macht der Gottheit.

1.

Gott! es ist Zeit! Erhebe dich: komme heraus aus deinem Heiligthum und zeige dein Angesicht.

2. Der Gottlose darf dich nur sehen, und er ist überworfen.

3. Der Gottlose unterstund sich zu sagen: Wenn Gott kein Hirngespinst wäre, würde man ihn so ungestraft beleidigen können?

4. Das

4. Das Universum, fuhr er fort, ist eine Menagerie ohne einem Herrn.

5. Die wilden Thiere, daraus sie besteht, fürchten keine Peitsche und keinen Zaum.

6. Die Erde ist eine grosse Schule, darinn sich die ungezogenen Kinder in Abwesenheit ihres Rektors balgen.

7. O mein Gott! ich kann dich nicht länger so gelästert sehen; zeige dich, und die Bösen sollen vor dir zittern.

8. Strecke deinen Arm von einem Ende der Welt bis zum andern aus, und lasse endlich sehen, daß nichts, was ist, sich dem Auge dessen entziehen kann, durch den alles ist.

Sechster Gesang.
Glaube und Unglaube.

1.

Gott meiner Väter! verzeihe ihren Kindern, und führe die Blinden auf den rechten Weg zurück.

2. Die

2. Die Weisen unsers Jahrhunderts halten dich für ein Unding; ihrer eigenen Einbildungskraft überlassen machen sie es wie unvernünftige Insekten.

3. Sie verbrannten sich, da sie sich zu sehr dem Lichte nahen wollten.

4. Vater des Lichts, richte dich nach der Blödigkeit ihrer Augen.

5. Bereite sie, ohne daß sie dein Strahlenglanz blendet, nur einen Lichtstrahl von dir zu empfangen.

6. Oder verzeihe ihnen wenigstens; aber räche dich gegen jene gottlose Gleißner,

7. Die überall ihren Glauben ausposaunen, um ihre Sitten sicherer zu verhüllen.

8. Reiße ihnen den Deckmantel der Scheinheiligkeit entzwey, entblöße ihre Stirne, damit man dein Zeichen der Verdammung auf selber lese.

9. Sie sind deinem Gesetze schädlicher, in dem sie sich dazu bekennen; als die Ungläubigen, die es läugnen.

10. Der größte Streich, den das Laster der Tugend beybringen kann, ist, daß es die Maske der Tugend nimmt.

11. All=

11. Allvater! Zeige dich von Angesicht zu Angesicht, und gönne deinen Kindern, dich mit dem Finger zu berühren.

Siebenter Gesang.
Das Daseyn Gottes.

1.

Wo seyd ihr, elende Vernünftler, die ihr meinem Gotte sein Daseyn abstreitet.

2. Sehet ihr nicht, daß die Unordnungen der Gesellschaft — Menschenwerk — die Ordnung der Natur beweisen — das Werk meines Gottes?

3. Wohl muß mich einst ein guter Gott für die Uebel schadlos halten, die ich unter den Menschen leiden muß.

4. Ja, mein Gott! eben weil ich hier leide, glaub ich gerne, daß ich nicht immer leiden werde.

5. Ja, mein Gott! du bist; denn ich habe deiner so nöthig.

6. Ich

6. Ich habe der Zukunft nöthig, um die Gegenwart ausbauern zu können.

7. Ich habe eines Vaters nöthig, um mich gegen meine Brüder vertheidigen zu können.

8. Eine Prüfungszeit läßt unmittelbar eine Zeit des Lohns hoffen.

9. Mein Gott! ohnedem würde der Mensch immer zu früh zur Welt kommen; immer zu spät sterben.

Achter Gesang.
Der Tempel des Ewigen.

1.

Gott meiner Väter! Die Gewohnheit ziehet noch eine Menge in die Tempel.

2. Aber da sie dort nichts sehen, als Gold und Marmor, so verkennt dich der dumme Haufen.

3. Manche Häupter der Nation sehen dich für nichts bessers an, als ein Schreckenbild, das

das auf dem Erdboden ist, um den grossen Haufen der Menschen im Zaum zu halten.

4. Die bösen Könige glauben an kein Wesen ober ihnen; sie ließen sich die Götter der Erde nennen.

5. Herr! was verweilest du? Zeige dich — dich Gott dieser Götter.

6. Die Verehrung, die sie dir erzeigen, ist in ihren Augen nichts anders als die Pflicht des Wohlstandes.

7. Allein in seinem Kabinete spottet der Tyrann desjenigen, den er in der Versammlung des Volkes anbethete.

8. Donnere auf sein stolzes Haupt, das er bis zu deinen Wolken erhebet, und verwandle seine schimmernde Diamantenkrone in eine Dornflechte.

9. Verwandle den eisernen Szepter des Hochmüthigen in ein gebrechliches Schilfrohr, und ziehe auf einen Augenblick den göttlichen Finger von ihm ab, der noch sein wankenden Thron aufrecht hält, und laß ihn fühlen, daß du der Könige König bist.

Neunter Gesang.

Es giebt keinen Mangel in der Schöpfung.

1.

Undankbare Menschen! Ihr findet Flecken in der Sonne, die euch wohlthätig leuchtet.

2. Wenn die Sonne euch nicht leuchtete, würdet ihr wohl Flecken darinne finden?

3. Heben die Unvollkommenheiten des Universums die Dankbarkeit auf, die ihr dem Urheber der Welten schuldig seyd?

4. Muß der Arme unzufrieden gegen den Reichen murren, weil ihm dieser nicht sein ganzes Eigenthum abtritt?

5. Sterbliche! Wenn euch Gott hätte ihm selbst gleich machen wollen, würdet ihr auch dann jene elende Vernünftler seyn?

6. Und mit welchem Recht waget es das Fußgestell die schöne Statue zu beurtheilen, die darauf steht?

7. Wenn

7. Wenn mein Gott nicht eurem Auge sein Sonnenantlitz verschleyerte, würde euer schwaches Auge seinen Blick ertragen können?

8. Ihr, die ihr meinen Gott der Ohnmacht beschuldiget, was würde aus euch werden, wenn er seinen allmächtigen Arm gegen euch ausstreckte?

9. O Mensch! Du siehst Böses auf der Erde — — — ganz gewis! weil du sie bewohnst.

10. Kriechendes Insekt! wolltest du wohl die Rose verhöhnen, weil eine unreine Schnecke darüber kroch, und sie besudelte?

11. Kursichtiger Mensch, dein Augenpaar taugt kaum so viel, dich zu führen;

12. Und weißt du nicht, daß alle Gegenstände sich auf deinem Augennetze verkehrt und widersinnig darstellen?

13. Und seit wann darf es der Taube wagen, über die Harmonie eines Conzerts sein Urtheil zu fällen?

14. Bewundere, Sterblicher! die Begebenheiten auf der grossen Schaubühne der Welt, und bemühe dich nicht das Spiel und die Triebfedern derselben zu enträthseln.

15. Ein

15. Ein undurchdringlicher Schleyer entzieht sie deinem Auge; danke der Vorsicht, die es zu deinem Besten thut.

16. Mein Gott gleicht einem zärtlichen Wohlthäter; er verbirgt die Hand, womit er giebt.

17. Genüsse ruhig die Früchten; Gott hat die Entwickelung des Cahos der Ursachen auf sich genommen.

18. Murren wohl gut erzogene Kinder wider ihren Vater, weil sie kleiner und schwächer als er seinen Lenden entsprießen?

Zehenter Gesang.

Bewundere, Sterblicher! und schweige!

1.

Sterbliche! seyd gerecht; und zählet nicht eure eigenen Mängel auf Rechnung eures Gottes.

2. In der Natur ist der Mensch das Meisterstück Gottes: der gesellschaftliche Mensch ist das unvollkommene Werk der Menschen.

3. Es

3. Es giebt Uebel auf der Erde; wohl! aber aus wessen Schuld sind sie da? — Hat Gott sie hervorgebracht oder der Mensch?

4. Der Mensch erkühnt sich zu sagen, was ist Gott? — — Wer wird die grosse Frage entscheiden?

5. Der Richterstuhl der Vernunft ist der Thron meines Gottes.

6. O Mensch! zittere, wider Gott zu rechten; er ist zugleich Richter und Parthey in seiner eigenen Sache.

7. Ueberlasse dich hierinfalls seiner Gerechtigkeit, und hoffe auf seine Barmherzigkeit.

8. Mensch! gebrechliches Erdengefässe, zittere, dich gegen diesen göttlichen Arm zu stossen.

9. Der, der Welten in seiner Rechten wiegt, weis, was jenem gut und diesem schädlich ist.

10. O Mensch! Wage es nicht, über die Richtigkeit der Waagschaale zu sprechen: fürchte vielmehr, daß du der Erde nicht eine unnütze Last bist.

11. Thue das Gute, und Gott wird dich vor dem Bösen bewahren.

12. Der

12. Der Kelch des Lebens ist in dem Augenblick, da Gott dir ihn vom Munde nimmt, noch nicht ausgeleert.

13. Nimm ihn, aber ohne dich zu unterfangen, das Getränke zu untersuchen, das darinn ist.

14. Trinke diesen Trank in seiner ganzen Lauterkeit, ohne etwas von dem deinigen darunter zu mischen.

15. Bewege das Gefäß nicht zu sehr; Wie die Hefen wird sich das Uebel senken, und sich selbst am Boden ansetzen; das Gute wird oben schwimmen, und sich von selbst ohne unangenehmer Mischung deinen Lippen darbieten.

16. Wenn du mit Maß davon getrunken hast, wirst du in einer sanften Trunkenheit entschlaffen, um wieder im Schoose deines Vaters zu erwachen.

Eilfter Gesang.
Der Heuchler.

1.

Herr! weit von mir jene zweyköpfige Ungeheuer, die sich eine doppelte Lehre zu Gutem halten,

2. Weit von mir, die mit ihrem Jahrhundert temporisiren, und mit der Welt Gemeinschaft machen!

3. Sie sehen den Gleißnern zu ähnlich; was sie Weltklugheit nennen, verräth zu sehr Doppelseite ihres Carakters.

4. Die Friedensliebe, die sie zum Vorwand ihrer Nachgiebigkeit gebrauchen, ist in meinen Augen Geistesschwäche.

5. Ich würde nicht anstehen im Angesicht des ganzen Erdbodens meinen Gott zu bekennen — den Gott der Wahrheit.

6. Was ich in der Tiefe meines Herzens denke, werde ich mir auch laut vor aller Welt zu sagen trauen. Mag die Lüge immer einen Mantel umhängen.

7. Eine

7. Eine Maske würde meinem Gesicht zu unbequem seyn, und meine Stimme schwächen, die ohnehin nicht zu stark ist.

8. Ich will den geraden Weg gehen, der zu meinem Gott führt — zum Gott der Wahrheit; denn das Leben ist kurz.

9. Ich will das Laster von vorne angreifen; mein freyer, fester Muth soll es zittern machen vor meinem Angrif.

10. Die Lüge soll sich nicht in die Gassen der Hauptstadt, wo ich gebohren bin, veririrren.

11. Ich will, daß man von mir sage, wenn man mich vorbeygehen sieht, und mit dem Finger auf mich weiset:

12. Da geht der Freund des Gottes der Wahrheit. Zittert, Sklaven der schwarzen Lüge!

13. Wenn er nicht den Körperbau und die Stärke eines Riesen hat; so hat er doch das Herz und die Freymüthigkeit eines Helden.

14. Keine menschliche Rücksicht kann seinen Mund zum schweigen bringen. Seine Feder krümmte sich nie in seiner Hand zur feigen Schmeicheley.

15. Ja,

15. Ja, er würde die Stuffen des Altars und des Thrones besteigen, um die Heucheley, wenn sie sich dahin geflüchtet hätte, von diesen Heiligthümern hinwegzureißen.

16. Vorurtheile haben bey ihm keinen Zufluchtsort, so heilig er auch seyn mag, denn der Gott der Wahrheit hält ihn selbst werth, ihn an seiner Hand zu führen.

Zwölfter Gesang.
Der Reiche.

1.

Ich habe bisweilen an den Thüren der Reichen gehorcht; und was ich da hörte, tröstete mich über meine Armuth.

2. Ewige Vorsicht der Natur! Die du mit Haaren die Heerden kleidest, und mit Pflaumen die Vögel;

3. Du, derer treues Auge über den Zaunkönig wacht wie über den Adler.

4. Mbch-

4. Möchte sich der Unglückliche immer in deine Arme werfen, und sterben — trostlos von dir Hilfe erwartend — ehe er sie an der Thüre des Reichen erbettelt.

5. O mein Gott! wenn es wahr ist, daß man nicht reich und mitleidig zugleich seyn könne, so schütte niemals das Füllhorn deiner Schätze in meinen Schoos.

6. Und doch ist es so süsse, zu seinem Mitmenschen sagen zu können: Komm! mein Tisch ist allzeit für dich und mich gedeckt.

7. Es ist so süsse, seine Hand von den Thränen der Dankbarkeit benetzt zu fühlen.

8. Wahrlich! der Reiche, der sein Haab mit dem Armen theilt, bestättiget die Vorsicht meines Gottes, den Tollkühne der Partheilichkeit beschuldigten.

9. Aber wo ist der Reiche, der nicht schlaffen kann, während sein ärmerer Mitbruder an seiner Schwelle vor Kälte schaudert?

10. Wo ist der Reiche, der am frühen Morgen erwacht, um den Armen auf seinem Strohlager zu überraschen, und ihm einen freudigen Morgen zu verschaffen?

11. Wo ist der Reiche, der giebt, ehe er angefodert wird? 12. Gött-

12. Göttliche Vorsicht! Wenn sich die Reichen nach dir bildeten, könnte es dann wohl noch einen Armen geben?

13. Du hast alle Lebensfreuden erschöpft, vollglüklicher Reicher! nur der Genuß einer einzigen ist dir noch übrig.

14. Koste das Vergnügen, das mit Wohlthun verbunden ist; und es wird dir alle andere ekelhaft machen.

15. Und ihr, Unglückliche! tröstet euch; beneidet das Glück des Millionenmannes nicht.

16. Ihr wißt nur zu wohl, daß ein dreyfacher Panzer von Gold sein Rabenherz umgiebt, und den sanften Tugenden des Mittelstandes den Eingang verwehrt.

Dreyzehenter Gesang.
Der Geizhals.

I.

Der Klang der Thaler macht das Ohr des Geizhalses aufmerksam: aber er ist taub zur Stimme des Gottes der Gerechtigkeit und der Güte.

2. Reicher Harpax! rechne genau; Gott der Gerechtigkeit wird deine Rechnungen berichtigen.

3. Du bist hienieden sein Wirthschafter; er hat dir die Verwaltung seiner Wohlthaten aufgetragen.

4. Wehe dir, wenn mein Gott in deinen unrichtigen Registern einige freiwillige Irrungen findet.

5. Wenn der Arme zu Gott flehet — zum Gott der Güte, so schickt er ihn in das Komptoir des Reichen.

6. Wehe dem Einnehmer, der seinen Reichthum vor dem Armen verschließt, den Gott der Güte und der Gerechtigkeit zu ihm schickt.

7. Der

7. Der Einnehmer wird das Vertrauen seines Herrn verlieren, und vom Dienste gejagt werden.

Vierzehnter Gesang.
Lob des Mittelstandes.

1.

Herr! erhalte mich in dem seligen Mittelstande, darein du mich versetzt hast.

2. Wenn ich ja in deinen Augen einige Verdienste habe, so verdanke ich sie dem dunkeln Stande, darin du mich gebohren werden liessest.

3. Der Reichthum troknet die Seele aus, wie eine allgemeine Dürre das Land versengt, macht den Geist unthätig, und raubt den Kräften des Körpers ihre Spannkraft.

4) Selig das Menschenkind, dessen Wiege nicht an den Aesten einer hohen Eiche hangt.

5. Se=

5. Selig, der unter dem niedrigen Strohdache schläft; er wird nicht am Rande eines jähen Absturzes erwachen.

6. Selig, dem's genügt, vor dir, o mein Gott! gerecht zu seyn, und nicht nach den Blicken des grossen Haufen bettelt.

7. Selig, wer ohne Aufsehn seinen Weg geht, und auf der Strasse des Lebens über keinen seiner Schritte sich zu zanken hat.

7. In dem Mittelstande entgeht man dem Neide; aber man ist nicht minder unter Gottes Angesicht.

9. Was liegt an dem Beifalle der ganzen Welt, wenn man nicht die Stimme Gottes und seines Herzens für sich hat.

Fünfzehenter Gesang.
Die falsche Schaam.

1.

Mein Gott! heile mich von der falschen Schaam, wenn ich das Gute thue.

2. Ach! die gesitteten Menschen sind in ihrer Verfeinerung so weit gekommen, daß sie

vor

vor der Tugend erröthen, wie man einst vor dem Laster erröthete.

3. Man weist nun mit den Fingern auf einen ehrlichen Mann, wie auf einen albernen Sonderling.

4. Sich öffentlich zu dem Gott der Wahrheit bekennen, ist so arg, als sich für einen Menschen bekannt machen, der keine Welt hat.

5. Mein Gott! gieb mir den Muth mitten unter meinen Mitmenschen gerecht zu seyn, die es nicht mehr sind.

6. Wenn ich diese falsche Schaam nicht besiegen kann, mein Gott! so gieb mir wenigstens die Mittel, wie ich mir selbst genügen kann.

7. Dann will ich der Gesellschaft entsagen, in der man nicht ungestraft gerecht seyn kann.

8. Wo der Mantel des Weisen in den Augen der Thoren der Gegenstand des Hohns und der Verachtung ist.

Sechszehenter Gesang.
Der stolze Gelehrte.

1.

Vater der Sonnen! göttliche Weisheit! Gott aller Wissenschaft! würdige dich den Stolz der Gelehrten zu demüthigen.

2. Ganz gewiß dauern sie dich, wenn du deinen Blick bis zu diesen Würmern herabwürdigest.

3. Wenn sie auf ihren akademischen Cathedern sitzen wie auf einem Schöppenstuhl — und dünken sich Richter der ganzen Natur.

4. Es scheint, als wenn nichts ohne ihnen oder ihrer Begnehmigung geschehen könne.

5. Die Sonne verweilt die Erde zu erwärmen, bis diese Herrn mit Kappe und Achselstiefel ihre Theorie über Wärme und Licht herausgegeben haben.

6. Bald werden sie sich auch erfrechen, dich vor ihren Richterstuhl vorzufodern, und dich Rechenschaft über dein Thun ablegen lassen.

7. Sie

7. Sie fürchten sich nicht, aus dem schwarzen Schooſe der Finſterniß der Unwiſſenheit dem Gott des Tages Hohn zu sprechen.

8. Mit dem Nervenbau eines Zwerges maſſen sie sich Rieſenthaten an.

9. Die Hand des Menschen erreicht kaum die äuſſerſten Blätter an den niedrigſten Zweigen eines Baumes; und mit seiner Stirne wähnt er das Haupt des Sirius zu berühren.

10. Seine schwachen Arme umringen kaum eine jugentliche Eiche; und — der ohnmächtige Waghals! — will die ganze Natur umſpannen.

11. Kaum hat er sich einige Fußhoch über die Erde erhoben, und er maßt sich schon der Herrschaft über die Luft an.

12. Der Mensch — noch hat er keine eigene Sittenlehre — und er will der Natur Geſetze geben.

13. Er will ihr Grenzen setzen, und die Epochen ihrer Geschichte bestimmen.

14. In seinem engen Hirngehäuſe umſchaft er das ganze Universum; aber was unter seinen Augen, in seinem eigenen Hauſe geſchieht, weiß er nicht.

15. Die-

15. Dieser Erdwurm wähnt sich auf Adlers Flügeln zur Sonne zu schwingen; seine Einbildung überredet ihn, eben zu gehen, wenn er schon mit dem Wurme kriecht.

16. Menschensohn! du rühmst dich der Macht, den Donner in seinem Laufe aufhalten zu können; und ein Tropfen deiner berauschenden Kunstgetränke wirft dich zu Boden.

17. Du rühmst dich, über die Flächen des Wassers hingehen zu können; und unterdessen öffnet sich die Erde unter deinen Füssen.

18. O Sterblicher! Hast du wirklich schon vergessen, daß der Baum des Wissens bittere Früchten bringt?

19. Alle deine Uebel kommen daher, weil du alles lernen willst, nur das nicht, was du wissen solltest, und was dir allein zu wissen dienlich wäre.

Siebenzehenter Gesang.
Das einzige dem Menschen zuständige Studium.

1.

Thor, der ich war! Weisheit zu erlangen schwitzte ich lange über den Büchern unsrer heutigen Weisen.

2. Gott der Natur, öffne mir dein grosses Buch, und lehre mich die Hieroglyphen deiner Wunder entziffern, daß ich darinne lesen kann.

3. Nur der ist der wahre Weise, der in dem Buch der Natur lesen kann.

4. Nur der ist der wahre Weise, der die Oekonomie seines Lebens nach dem Plan der Haushaltung einrichtet, den der Gott der Natur angeordnet hat.

5. Meisterstück der Kunst, stolze Stadt! ich verlasse deinen Schoos, und all den blendenden Zauber, der darinne ist.

6. Ihr himmelanklimmende Gebirge! beschäftiget von eurer Höhe meine Seele mit erhabnen

habnen Betrachtungen, und erhebet sie bis zu euren schneebedeckten Häuptern.

7. Ihr tiefen finsteren Wälder, nehmet mich auf unter euren gastfreundlichen Schatten; und lehret mich die Werke Gottes betrachten.

8. Ich will unaufhörlich in der Gegenwart des Gottes der Natur seyn; lehret mich den Ton und das Lied, das seine Größe preiset.

9. Ich bin bis an dem Gipfel des Felsen geklettert, der so alt ist, als der Boden, den er lastet.

10. Von da aus sehe ich die Sonne lange zuvor, ehe unten im tiefen Thale unter meinen Mitmenschen der Tag anbricht; und noch sehe ich sie golden am späten Abend, wenn sie ihnen schon lange verschwunden ist, und Nacht die dünstende Erde deckt.

11. Da fühle ich mich dem Gott der Natur um vieles näher. Da — fühle ich mich über den Menschen erhaben.

12. Wie klein, wie armselig kömmt mir da die stolze Stadt vor, die auf der Fläche der Erde wie ein Häuflein Sandkörner da liegt.

13. Was

13. Was ist die Kunst mit all ihrer Zauberkraft gegen die Natur? — Was der Mensch gegen Gott ist!!! —

Achtzehenter Gesang.
Gegen den Stolz der Menschen.

1.

Gott der schwachen, hinfälligen Erdengötter! strafe jene stolze Sterblichen, die noch mit dem letzten Hauche ihres Lebens aufrufen:

2. Was wird aus der Welt werden, wenn wir nicht mehr sind?

3. Gekrönte Würmer! Die Welt wird nach euch seyn, was sie vor euch war.

4. Bemerkt ein Ameisenhaufe die Abwesenheit einer seiner Bewohnerinnen?

5. Stolzer König, hast du hier einiges Gute gethan? — Hunderttausend andere hätten es ebenfalls thun können, und vielleicht mehrer als du.

6. Wisse,

6. Wiſſe, daß die Könige, wenn ſie gut ſind, nicht mehr als ihre Pflicht thun.

7. Die Menſchen bedarfen keine Könige nicht, wenn ſie nicht Väter der Nationen — Väter ihrer Unterthanen ſind. —

8. Wiſſe, daß die Könige den Menſchen, ihren Mitbrüdern, niemals Gutes genug erweiſen können, um in ihnen das Andenken auszulöſchen, daß ſie einſt alle einander gleich waren, und daß ſie nicht die Krone, ſondern die Tugend groß macht. —

9. Der Unterthann iſt das Kind, der König iſt der Vater — ſo iſt das Verhältniß, dieſes iſt der Wille der Gottheit! — Vater iſt der Name der Liebe! — Herrſcher der Name der Macht, ſo geht die Natur — ſo die Religion.

Neunzehenter Geſang.
Von Richtern.

1.

Gott der Gerechtigkeit! du ſiehſt es; die Häupter des Volks, die ſagen, daß ſie dich vorſtellen, haben zwoo Wagen, als wenn es zwoo Gerechtigkeiten gäbe. 2. Wir

2. Würdige dich, deine Majestät einen Augenblick zu ihnen herabzulassen; halte jenen das geheiligte Urbild vor, die sich rühmen, die getreuen Abdrücke desselben zu seyn.

3. Ach! ich habe gesehen, daß der Mann seine Familie verließ, sich am Fuße eines ungerechten Tribunals um ein schwarzes von seinem Schweiße triefendes Stück Brod zu zanken, das seine hungernden Kinder zu Hause zum einzigen Lebensunterhalte erwartete.

5. Sorge und Verdruß stürzen ihn eher in die Grube, ehe er nur den Trost hat, zu wissen, ob seine Kinder nach ihm das Feld seiner Väter erben werden.

6. Und nach seinem Tode werden vielleicht seine Kinder auf dem nemlichen Felde Stoppeln lesen, wo sie erndten sollten.

7. Ich sah die bedrängte Wittwe und den hilflosen Waisen um Gerechtigkeit bitten — elend und gebeugt — wie man um eine kleine Wohlthat bettelt.

8. Ich sah sie, willfährig den letzten Rock sich vom Leibe ziehen zu lassen, um vor den Augen ihrer Richter Gnade zu finden.

c 9. Gott

9. Gott der guten Sitten! ich sah sie, und meine Wange erröthete für die des Richters.

10. Ich sah sie alles hingeben, um nur etwas weniges zu erhalten.

11. Zittere auf deinem Throne, ungerechter Richter! du wirst in meinem Gotte einen strengen, unbestechlichen Richter finden.

12. In seine göttliche Hand sammelt er die Thränen der Unschuld auf, und zählet am Abend die Seufzer der beleidigten Schaam.

13. Und ihr, ihr Sachwalter! die ihr unschuldig den Tempel der Gerechtigkeit betrettet! Ach! hütet euch, daß ihr nicht selben — zwar von den Richtern losgesprochen, aber mit schuldigen Herzen — verlasset.

Zwanzigster Gesang.
Der Krieg.

1.

Vater des Lebens! du sagtest zum Menschen, sobald er deiner Schöpferhand entkam: wachset und mehret euch!

2. Die

2. Die Menschen erkannten nicht dieses süsse Gesez; sie erniedrigten es, und adelten das Vorurtheil, das Werk deiner Hände zu zerstören.

3. Sie selbst wetzen sich die Sichel des Todes; die alles verzehrende Zeit schien ihnen zu unthätig, zu zaubernd, wenn sie schon dahin eilt, wie eine leichte Wolke zu oberst am Himmel.

4. Noch wären sie der Verzeihung würdig, wenn sie sich in dem schwärmerischen Wahn das Leben raubten, um eher zu dir sich entschwingen zu wollen, mein Gott!

5. Aber nein! Eigennutz und Rache allein hetzen sie gegeneinander.

6. Auf den Schall prausender Instrumente stellen sie sich in Schlachtordnung,

7. Und Ordnung und Harmonie herrscht in ihrer Wuth, und versichert die Ausführung.

8. Vielfältig verbrämmt stellen sie sich, als kännten sie einander nicht — wüßten nicht, daß sie Brüder sind.

9. Mit kaltem Blute erwürgt der Mensch seines gleichen; er freut sich mehr, einem Geschöpfe das Leben nehmen zu können, als es ihm zu geben.

10. Mit

10. Mit wildem Stolze schmückt der Mensch seine Stirne mit einem Lorberkranz, den er in dem Blute seines Bruders gefärbt hat.

11. O mein Gott! du siehst alles, und lassest solche Auftritte menschlichen Greuls täglich unter deinen Augen vorgehen!

12. Du giebst zu, daß man in deinen Friedenstempeln Krieges-Trophäen aufhänge.

13. Deine geheiligten, von keinem Blute befleckten, Altäre wagt man sogar mit mörderischen Waffen zu beladen,

14. Und dein Name, dein heiligen Name — wird entweyht durch den Mund der Barbaren im Feldgeschrey.

15. Mitten auf dem Schlachtfelde erheben sie ihre noch vom Blute rauchenden Hände gen dir, und bitten dich ihre Schwerdter zu segnen.

16. Vater der Menschen, an deinen Altären bringen sie dir Dankopfer, und singen dir im rauhen Tone ein Loblied dafür, daß sie deine Kinder ermordet haben.

Ein und zwanzigster Gesang.
Der Zweykampf.

1.
Der nichtige Mensch murret wider die Hand des Höchsten, wenn ihr sein Donner entfährt:

2. Und dieser Elende hält es nicht für böse, gegen seines gleichen in blinder Wuth anzurennen, mit Feuer oder Schwerdt in seiner Rechten drohend.

3. Gott des Friedens! warum legst du deine Hand nicht zwischen die Streiter?

4. Warum bescheint deine Sonne diese augenscheinlichen Missethaten, als wolte sie mitschuldig oder doch Zeuge derselben seyn?

5. Warum fährt nicht dein Blitz aus einer schwarzen Donnerwolke herab, daß er den Stahl in der Hand der Kämpfenden, mit dem sie sich zum Mord gewaffnet haben, zerschmelze?

6. Der gefräßige Wolf zehrt nicht den Wolfen auf. Der Löw muß rasend seyn, wenn er einen Löwen anfallt.

7. Aber der Mensch ist nie ein stärkerer Jäger, als wenn er auf Menschen jagt.

8. Wer sind die beyden Freunde dort, die aus dem Gedränge entwischen, um vermuthlich ganz für sich selbst zu seyn?

9. Ich sehe sie bey der nämlichen Tafel zusammen speisen, und beyde aus einem Becher trinken.

10. Plötzlich raffen sie sich von ihrem Sitze auf, und jeder waffnet seine Hand mit einem Schwerdte.

11. Warum messen sie einander mit soviel Vorsicht? Was hat der Gruß zu bedeuten, mit dem einer den andern empfängt, in dem sie sich mit dem zierlichsten Anstande die Degen anbiethen?

12. Wollen sie sich in den Waffen üben, die beyden Freunde, die so sehr eins zu seyn scheinen?

13. Wie schnell ihre Bewegungen! Gleicht nicht jede Wendung des Degens in der kunstgewohnten Hand der Geschwindigkeit des Blitzes? — O nein! der Blitz ist nicht geschwinder als ihre Wendungen.

14. Aber

14. Aber — — wie! was seh ich! der eine dieser Freunde stürzt vor die Füsse des andern. Er ruft um Hilfe.

15. Laßt uns zueilen! — o mein Gott! Blut quillt aus der durchbohrten Brust — es fließt aus der Urquelle des Lebens — aus dem Herzen. Er stirbt — der Freund — durch die Hand des Freundes getödtet.

16. Gott! es waren zween Nebenbuhler. Was ich für Freundschaft hielt, war nur Rache.

17. O mein Gott! du sahest sie beginnen. — die schaudervolle That — und ließest sie enden. — Verzeih! Zweifels ohne lassest du auch das Böse zu; aber ohne es zu begünstigen.

Zwey und zwanzigster Gesang.

Der Sänger entschließt sich keine Waffen zu tragen.

1.

Gott — der Milde und des Friedens Gott! noch hat nicht Blut meine Hände befleckt!

2. Weit von mir weg warf ich das menschenmörderische Werkzeug, mit dem meine Brüder Staat machen.

3. Ich wollte lieber eine Unbild leiden, als sie mit einer andern von mir abwenden — als Verbrechen mit Verbrechen bestrafen.

4. Ich entwich dem Bösen, wie man einem Felsenstücke ausweicht, das über den Berg herabhangt, und dem vorbeygehenden Wanderer den Sturz droht.

5. Niemals soll die blutige Ehre der Waffen mein friedliches Herz reitzen.

6. Aber ach! soll ich denn immer mitschuldig oder ein unglücklicher Zeuge des Verbrechens seyn?

7. Soll

7. Soll ich noch länger auf der Erde mit schüchternen Schritte wandeln, wie in Feindes Land?

8. O mein Gott! nimm mich hinweg von diesen blutigen Schreckenszenen. Aber ach! wohin wirst du mich auch führen?

9. Wo es immer Menschen giebt, finden sich auch streitende Nebenbuhler.

10. Traurig! der Mensch hat keinen mächtigern, fürchterlichern Feind, als — den Menschen.

Drey und zwanzigster Gesang.
Irrige Berechnung des Bösen.

1.

Noch einmal — die Bösen wären noch zu entschuldigen, wenn sie durch ihre Verbrechen glücklich würden.

2. Man konnte ihnen noch alle ihre niedrigen Absichten hingehen lassen, wenn sie alle zu ihrem Glücke ausschlügen.

3. Grof=

3. Grosser Gott! Gieb mir eine Lunge von Erzt, daß mich die Menschen von einem Pole bis zum andern hören können.

4. Ich will ihnen zurufen: meine Brüder! wisset, euer eigenes Beste fodert euch auf zur Gerechtigkeit.

5. Wisset, die Vergnügungen des Lasters sind falsche Vergnügen, und der Bodensatz vergiftet den Becher, daraus sich der Böse berauscht.

6. Wisset, daß in dem Busen einer schuldbefleckten Schönheit ein nagender Wurm wohne.

7. Wisset, keine eurer Vergnügungen kommen jenen eines reinen Herzens gleich,

8. Und die wahre Glückseligkeit ist die unzertrennliche Gefährtin der Weisheit.

9. Wisset, die Gesundheit ist die Tochter der Mäßigkeit; und der stille Mittelstand die Mutter des Friedens.

10. Wisset, daß die Tugend kein so finsteres, trauriges Geschöpf eines hypochondrischen Philosophen ist, als man sie euch gewöhnlich malt;

11. Und daß das Lächeln regelloser Leidenschaften immer treulos ist.

12. Wis=

12. Wisset, daß die Menschen alle Uebel, mit denen sie überladen sind, ihren Ausschweifungen zuzuschreiben haben.

13. Wisset endlich, daß mein Gott gerecht ist, und daß er euch nur unter der Strafe, immer unglücklich zu seyn, eure Bosheit zuläßt.

Vier und zwanzigster Gesang.
Der Sänger empfiehlt die Duldung.

1.

Ihr Menschenkinder! seyd duldsam gegeneinander, ihr seyd ja alle einander gleich, keines überwiegt das andere.

2. Seyd duldsam! denn Gott — der Gott der Milde giebt euch das erste Beyspiel davon.

3. Würde er wohl so lang eure Ungerechtigkeiten ertragen, wenn er nur gerecht allein wäre? aber er ist auch in gleichem Maße barmherzig.

4. Ihr ermangelt täglich den Heiligsten eurer Pflichten; aber steigt nicht morgen wieder

der seine Sonne so glänzend über euren schuldigen Häuptern auf, als heute?

6. Und nun — mit welchem Rechte wolltet ihr wohl strenger gegen eures Gleichen verfahren, als Gott mit euch verfährt? — wenn euer Nachbar heut einen Fehlschritt thut, so thut ihr vielleicht morgen gar einen Fall.

7. Uebertraget eure Fehler; es ist keiner von euch frey davon.

8. Verfluchet, fliehet das Laster, aber bemitleidet, und hebet den Gefallenen von der Erde auf.

9. Leihet dem Trunknen euren Arm, und bringt ihn zu Hause.

10. Denn — morgen vielleicht, wenn ihr aus einem verdächtigen Hause kommt, kann er euch hinter seinen Mantel verhüllen.

11. Dulbung für all' eure Brüder und Strenge nur gegen euch selbst! — — macht euch das zum Gesetz.

Fünf und zwanzigster Gesang.

Er klaget sich an, einen andern Gegenstand geliebt zu haben als Gott.

1.

Gott der Barmherzigkeit! ich habe gesündiget vor dir; aber das Geständniß meines Vergehens heischet Vergebung.

2. Ja, mein Gott! ich habe das Werk deiner Hände angebethet, und mein Geist erhob sich nicht bis zu dem göttlichen Arme, der alles Schöne gemacht hat.

3. Ich habe das Gefäß des Töpfers bewundert, und es zu meinem Gebrauch umgeformt.

4. Und der Töpfer erhielt von mir keinen Dank, gerade als hätte sich dieses Geschöpf von selbst machen können.

5. Eine Tochter der Menschen hat sich aller Fähigkeiten meines Herzens bemeistert.

6. Sie hat den Urheber aller Schätze, wovon sie leer ist, daraus vertrieben.

7. Ach!

7. Ach! die unvollkommene Kopie hat mich von dem Urbilde aller Vollkommenheiten abgezogen.

8. Barmherziger Gott! eifere nicht; verzeihe mir, daß ich auch auf andern als den deinigen Altären geopfert habe! —

9. Verzeihe mir, daß ich dir den Weihrauch, der nur meinem Schöpfer gebührte, entzog, um ihn deiner Kreatur zu bringen, und vor ihren Füſſen ein Rauchwerk anzuzünden.

10. Ich wollte meine Fehler vor mir selbst verbergen, und den Betrug meiner Sinne vor meinen eigenen und deinen Augen rechtfertigen;

11. Indem ich sagte: es ist doch nur mein Gott, den ich in dem Gegenstande liebe, der ihn meinem Blicke am nächsten bringt.

12. Der Gott der Natur gewährt mir das Vergnügen, das ich bey den leiblichen Akzenten Philomelens fühle;

13. Kann er mir es zum Verbrechen machen, daß ich mein Ohr der zärtlichen Stimme einer aus den Menschentöchtern leihe?

14. Eine Tochter Evens ist eine Blume: kann es den Gott der Natur beleidigen, wenn

er

mich die Blumen liebkosen sieht, die er selbst unter mein Fußtritten aufblühen läßt?

15. O ich Blinder! der ich war. Ich wähnte nicht, daß gern die Schlange unter den Rosen lauscht.

16. So, wie der Menschen Stammvater, verbarg ich mich mit dem Weibe, die ich nach meinen Herzen zu seyn dünkte, aber die nicht nach dem Herzen meines Gottes war.

17. Würde ich mich wohl verborgen haben, wenn ich mich nicht — von einem innern Gefühle überrascht — eben so schuldig befunden hätte, wie Adam. Das gute Gute geschieht am Tage; die Nacht ist die Hülle des Bösen.

Sechs und zwanzigster Gesang.

Gemälde der Weiber unsers Jahrhunderts.

1.

Herr! Vater der Natur! Du sagtest: es ist nicht gut, daß der Mensch allein sey.

2. Ich suchte also unter den Menschentöchtern ein Weib nach meinem Herzen.

3. Ich durchlief die Stadt, und durchforschte das Land:

4. Und ich habe unter den Menschentöchtern mehr Schönheit als Unschuld gefunden.

5. Die Menschentöchter haben Reitze; aber — Sitten haben sie nicht.

6. Sie tragen Honig auf ihren Lippen; und kochen schwarze Galle in ihrem Herzen.

7. Sie haben das Aug einer Taube, und reden mit Schlangenzungen.

8. Sie singen mit sehr viel Geschmack; aber in ihren Reden ist nicht Weisheit.

9. Sie tanzen niedlich nach dem Takt, und können nicht gerade gehen.

10. Sie,

10. Sie, die allen gefallen wollen, wie könnten sie sich entschlüssen, sich mit der Liebe eines Einzigen zu begnügen — nur einen wieder zu lieben.

11. Sie, die sie die kindliche Frömmigkeit von sich werfen, würden sie sich eifriger in Erfüllung der Mutterpflichten zeigen?

12. Herr! ich will allein bleiben, ohne Gefährtin, so lange, bis du mich ein Weib nach deinem Herzen finden lassest. —

Sieben und zwanzigster Gesang.
Bild eines Weibes nach dem Herzen Gottes und des Dichters.

1.

Gott der Natur! dessen Vaterhand sich würdigte Blumen auf den Dornenweg des Lebens zu streuen,

Ach! sage mir, wo soll ich hingehen, um dem Gebothe zu folgen, das du dem Adam und der Eva gabst: **wachset und mehret euch.**

3. Vater

3. Vater der Natur! dessen gefälliger Finger die Rose und das Veilchen bemalet hat;

4. Laß mich ein Weib finden, dessen sittsame Stirne noch zu erröthen weis.

5. Ein Weib, auf dessen Mund das sanfte Lächeln der Unschuld ist, und dessen schüchtern, keusches Auge noch eine gefühlvolle Thräne netzt.

6. Wo sind sie, diese keuschen Mädchen, so unschuldig und arglos, wie die Lämmer, die um ihre naive Schäferin herum hüpfen.

7. Wo sind sie hin die häuslichen Tugenden, die das Glück der Ehe, das Wohl der Familie machen? — Welch eine wohlthätige Hütte hat die Entflohenen aufgenommen?

8. Soll ich noch weit auf der Erde suchen? soll ich noch lange warten, bis ich eine Tochter in der ländlichen Hütte antreffe, derer Herz so rein ist, als der balsamische Hauch des jugendlichen Wonnemonds?

9. Und die von der Natur selbst zu gefallen und zu lieben gelernt hat?

10. Wo weidet sie ihre Heerde, die kunstlose Schäferin — sanft und schön, wie das seidenlockigte Vließ ihres geliebten Schäfgens?

11. Mit

11. Mit welchem Entzücken würde ich hineilen zu ihr, mit Freude klopfendem Busen ihr leinen Gewand berühren, und den Saum ihres jungfräulichen Gürtels küssen!

12. Ich würde so zu ihr sprechen: Tochter der ländlichen Fluren! glücklich der Schäfer, der sich von Dir Vater oder Bruder nennen hört;

13. Aber tausendmal glücklicher noch der Sterbliche, den du berechtigen wirst, sich deinen geliebten Gatten zu nennen.

Achtund zwanzigster Gesang.
Die Gesellschaften.

1.

Vater der Natur! rufe deine Kinder zu dir; führe sie zu dem Lebenswandel der ersten Menschen zurück.

2. Du hast sie auf die Erde gesetzt, und ihnen alles gegeben, was sie zu ihrer Glückseligkeit brauchen.

3. Du hast ihnen den zuträglichsten, und angemessensten Stand gewählt.

4. Du

4. Du hast sie keiner andern Gewalt als nur der Gewalt der Liebe unterworfen.

5. Wenn sie sich hierinn immer an das Gesetz des Gottes der Natur gehalten hätten, so würden sie nicht wissen, was die absolute Macht, und das willkührliche Ansehen ist.

6. Gott der Natur! die Menschen hätten nur allein von dir abhangen sollen.

7. Allein die Menschenkinder verließen die Gottheit als ihre Führerin, und wählten sich einen schwachen Sterblichen zum Beherrscher.

8. Die Thoren! sie waren des Glückes müde, unter dem Hirtenstab zu leben; sie wollten, daß der Szepter eines Eroberers ihr Haupt laste.

9. Sie foderten Fesseln von dir; und du gabst sie ihnen in deinem gerechten Zorne, und die Menschen nahmen sie an als Wohlthaten.

10. Gott meiner Väter! gieb, daß der Mensch seine erste Würde wieder erhalte, und seine Unschuld, und lehre ihn, sich selbst beherrschen — und Meister seiner Leidenschaften seyn.

11. Lasse ihn sich erinnern, zu welcher Würde du ihn geschaffen hast.

12. Die

12. Die Menschen sind alle vor dir gleich, Unendlicher! — und vor dir ist der Name des Königs wie der Name des Sclaven.

Neun und zwanzigster Gesang.
Mißbräuche der Menschen im Genuße des Lebens, und der Erzeugniße der Natur.

1.

Wie thöricht die Menschenkinder sind! sie verkennen die Wunder des Gottes der Natur.

2. Sie schätzen das gebrechliche Werk ihrer ungeschickten Hände höher, als die unsterblichen Wunder des Gottes der Natur.

3. Sie ziehen ihre Theaterblendwerke, ihre täuschenden Gemälde dem grossen Schauspiele des Erdkörpers, den unbegreiflich hohen Wirkungen der Himmelsgestirne vor.

4. Ich habe sie gesehen, die Sonne verlassen, um sich bey dem Lampenscheine ihrer bleichen Fackeln zu versammeln.

5. Ich sah, daß sie ihr Ohr vor dem Gesange der Vögel verschlossen, um sich bey dem mißstimmigen Lärmen ihrer rauschenden Instrumente zu entzücken.

6. Gott der Natur! du gabst ihnen lachende Wiesen und den kühlen Schatten der gastfreundlichen Linde:

7. Aber die Menschen umzingelten sich mit dicken Mauern, und bauten sich enge Gefängnisse, die sie Städte nennen.

8. Da schliessen sie sich ein, und drängen sich zusammen; anstatt daß sie sich, ohne einander schädlich zu seyn, über den Erdball ausbreiteten.

9. Hie und da auf einigen kleinen Punkten des Erdkörpers sezen sie sich an zu Millionen, wie ein Bienenschwarm, und den übrigen Theil der Oberfläche des Erdbodens lassen sie öde und unbewohnt liegen.

10. Vater der Natur! du wiesest den Menschen zur rauschenden Quelle; hießest ihn die nahrhafte Milch der wohlthätigen Heerde trinken, und die arbeitsame Biene bereitet seinem leckern Gaumen den süssen Honig.

11. Aber

11. Aber das alles genügte ihm noch nicht; er erfand sich ein berauschendes Gift, und trinkt den Tod aus goldnen Pokalen.

12. Nicht die zahllose Menge schmackhafter Früchte, die heilsamen Kräuter nicht, und das ganze Pflanzenreich stillt seinen Wolfshunger nicht;

13. Blut muß unter seinen Zähnen hervorsprudeln, denn er ist grausam wie der reissende Tieger.

14. Die Unmenschen! ihr mordathmendes Wolfsherz bleibt unerschüttert, wenn sie das junge Lamm im Angesicht ihrer Mutter schlachten.

15. Die Undankbaren! der Ochs, der so eben vom Pfluge noch schweistriefend heimkehrt, fällt unter ihrer mörderischen Art,

16. Und eben die, deren Felder er erst befruchtet hatte, schmausen sein lockeres Fleisch.

17. Herr! sag mir, wo ist noch ein Winkel der Erde, wo man nach der Natur leben kann.

18. Zeige mir eine öde Insel, oder einen dürren Felsen, wo der Mensch in voller Sicherheit deine ewige Gerechtigkeit anbethen könnte.

19. Ach!

19. Ach! der blutige Dämon des Krieges, und der schwarze Genius des Despotismus haben die Welt unter sich getheilet.

20. Ueberall trift man von ihnen Spuren an, und sie reichen sich von einem Ende des Weltalls zum andern die Hände,

21. Allenthalben haben sie die Erde besessen, und es ist kein Hügel mehr, wo die Freyheit Zuflucht suchen könnte.

22. Ach! werde ich den nimmermehr, ehe ich in die Krüfte des Todes steige, mich einen Augenblick der Rechte des Menschen bedienen können?

23. Ist dann das Grab die einzige Schutzwehre gegen Ungerechtigkeit und Sklaverey?

24. Gott der Klugheit! Das Leben ist kurz; deine Weisheit hat es nicht für gut gehalten, unsre Tage zu vermehren, wie die Sandkörnlein am Strande des Meeres.

25. In deiner unendlichen Weisheit sahst du wohl vor, was wir für einen Gebrauch davon machen würden.

26. Die ihre Tage unbenutzt verstreichen lassen, sind wahrlich so schuldig nicht, mein Gott!

27. Als

27. Als jene, die sie zum Bösen anwenden; sie rechtfertigen zu wohl deine weise Sparsamkeit.

26. Was machen wir mit dem Leben? Eitle Künste und andere thörichte Beschäftigungen füllen es ganz aus.

29. Ueberdieß so genießt nur der Reiche allein die Früchte des Geistes.

30. Das in Armuth erniedrigte Talent durchwachet die Nächte seines Lebens für reiche Thoren.

31. Und was bleibt uns von all diesen flimmernden Werken übrig? der eitle Name und viele Mühe.

32. Glücklich der Weise, der sein Leben mit heiligen Betrachtungen über die Natur zubringt, und der ihre Werke genießt, ohne sie mit den seinigen zu vermischen! —

33. Gott der Natur ist die unerschöpfliche Quelle aller wahren Vergnügungen.

34. Was braucht man mehr, um ein guter Mensch und glücklich zu seyn, als daß man zur Natur zurückkehre, und ihr getreu bleibe.

Dreyſigſter Geſang.
Das Bild der Gegenwart.

I.

O mein Gott! du ließeſt mich zu früh gebohren werden: vielleicht wird die nachfolgende Generation dich beſſer zu preiſen wiſſen, und gerader unter deinem Angeſicht gehen.

2. Wache über die Aufſeher des Volkes, die das Werk deiner Hände verhunzen.

3. Führe die Mütter zu ihren urſprünglichen Pflichten zurück, und die Väter zu ihrem erſten Geſchäfte.

4. Was einſt die Eltern als Segen des Himmels anſahen, ſcheint ihnen itzt eine beſchwerliche Bürde.

5. Unſere Weiber ſind ſtolz auf die Unfruchtbarkeit, und rechnen ſich ihre Nichtigkeit zur Ehre. Sie ſind unempfindlich gegen die unſchuldigen Liebkoſungen des neugebohrnen Kindes.

6. Man will nur immer die Blumen in Amors Roſenmonath pflücken; aber nicht Hymens Früchte ſammeln.

7. Traurig

7. Traurig stürzt Hymen seine Fackel, und hält die Hand vors Gesicht

8. Um nicht die ärgerlichen Auftritte sehen zu müssen, die täglich den heiligen Thorus entweihen.

9. Der Geschmack an anständigen Vergnügen ist ausser der Zeit; das übersättigte Herz itziger Menschen nimmt nicht mehr Theil an den sanften Freuden der Natur.

10. Wenn der Zufall einem unsrer neumodischen Ehepaare einen Erben schenkt, wird er bald als ein unwillkommener Zeuge genossener Lust betrachtet, den man nicht zu lange von sich entfernen kann.

11. Schändlich! die Mutter ist ihren Töchtern ein Stein des Anstosses geworden.

12. Der Sohn erröthet für seinen Vater, und sein Beyspiel ist ihm ärgerlich.

13. Und die Kinder verweilen nicht lange, die würdigen Nachahmer derer zu werden, die ihnen das Leben gaben.

14. Schmuzige Liebeshändel führen zu hohen Ehren nnd Würden.

15. Luxus ist der Mörder der Sitten, und die häuslichen Tugenden sind aus der Mode.

16. Der

16. Der Handel ist nicht mehr ein Tausch mit Wohlthaten, und die Gastfreundschaft ist zum schändlichen Wucher abgewürdiget worden.

17. Scheint nicht die Tugend ihren Werth verlohren zu haben, da man Preise auf sie setzt, als wenn sich nicht die Tugend durch sich selbst lohnte.

18. Man bezahlt eine gute Handlung wie die Waare im Kramladen, und feilscht die Kronen der Ehre den Meistbiethenden aus.

19. Die Künste sind herabgesunken von ihrer ersten Würde; sie haben nichts Grosses mehr an ihnen; und die Dichtkunst, das vorzüglichste Talent des menschlichen Geistes, biethet sich schaamlos jedem Thoren preis, der ihre Reime kaufen will.

20. Die niedrige, staubgewohnte Seele entschwingt sich nicht mehr zu dir, o mein Gott! und preiset dich in hohen Gesängen; die Beredsamkeit eines grossen Geistes läßt sich nicht mehr von dem Throne der Wahrheit hören.

21. Noch baut man dir Altäre, aber mit nachläßiger Hand, und ein Pallast der Freude verdunkelt das Haus des Herrn.

22. Die Priester des Herrn schämen sich ihres einförmigen Gewandes, und verkleiden sich.

23. Der Mantel der Zenobiten überlastet ihre Schultern; sie schämen sich, ihn zu tragen.

24. Gott meiner Väter! warum behieltst du mich auf, dieß noch sehen zu müssen?

25. Verzeihe dem Schwachen, den der Anblick dieser schändlichen Auftritte zu Boden drückt! warum ließest du mich nicht in dem glücklichen Alter der Patriarchen gebohren werden?

26. Ach! um mich für die Gegenwart schadlos zu halten, was bleibt mir übrig, als das Andenken an die vergangene Zeit.

Ein und dreyßigster Gesang.
Das Bild der vergangenen Zeit.

1.

O Gott meiner Väter! wird diese glückliche Zeit, das Alter der Patriarchen noch hienieder kehren?

2. Das goldne Menschenalter, wo du dich noch würdigtest, zu Zeiten auf die Erde her-

abzu-

abzusteigen, ohne daß du den Himmel verlassen zu haben glaubtest?

3. Damals waren die Menschen noch deiner Gegenwart würdig; sie waren es werth, daß du sie besuchtest in deiner Güte.

4. Damals waren deine ländlichen Altäre die sie dir auf den Höhen heiliger Berge errichteten, noch nicht mit Gold beladen; noch nicht mit Blut bespritzt.

5. Damals waren deine Diener, in Leinwand gekleidet und mit Blumen bekränzt, noch keine Redner.

6. Aber ihre Herzen waren so einfältig, so rein, als die Gaben ihrer Hände.

7. Der Hausvater, damals noch seiner Kinder König, trug in seiner Rechten nur einen Schäferstab.

8. Er führte nicht die Waage in seiner Linken, noch das zweyschneidige Schwert in seiner Rechten, und theilte am Fuße eines schattichten Baumes, oder auf einem Binsenstuhl in seiner Hütte Gerechtigkeit aus.

9. Gerader Menschensinn, und eine reine Seele — waren all sein Gesetzbuch.

10. Damals kannten die Menschen keine andern Gesetze, als die gastfreundlichen Tugenden.

11. Damals pflegte man noch nicht zu sagen: bey mir; man sagte lieber: bey uns.

12. Die Ehrlichkeit wachte an den Thüren unbeschützter Hütten, und die Sicherheit des Nachts bey dem Hauptkissen des Bettes.

13. Niemals hörte man weder am Abend noch am Morgen das unangenehme Gerassel eines mißtrauischen, unbilligen Thürriegels.

14. Damals, o mein Gott! verdarb der genügsame Mensch deine Gaben noch nicht durch einen künstlichen Beysatz; man empfieng sie aus der Hand des Gebers, wie du sie gabst.

15. Niemals färbte des erschlagenen Mitgeschöpfes Blut die Lippen des Menschen;

16. Niemals kostete dort die Erhaltung des Menschen das Leben nützlicher und friedlicher Thiere.

17. Damals, Gott meiner Väter! wurden alle Bündnisse im Angesicht des Himmels geschlossen, und kein Rechtsgelehrter, kein Zeuge durfte sie versichern.

18. Man rufte vom innersten des Herzens zum Vater der Natur; und dein Thau befruchtete den Thorus des neuen Ehepaares.

19. Eine zahlreiche Nachkommenschaft war aller Reichthum, aller Stolz eines Hausvaters.

20. Damals noch kannte die Mutter kein süsseres Geschäft, als ihre Tochter zu erziehen, und sie zu häuslichen Tugenden zu bilden.

21. Damals sah noch der Sohn in seinem Vater seinen Gott in Menschengestalt.

22. Damals noch, Gott meiner Väter! schlief dein Donner zu deinen Füssen, und deine Rechte war immer über deine Kinder ausgestreckt, um sie zu segnen.

23. Damals gereute es dich noch nicht deines Werkes; der Geist des Menschen war helle, und glich einem reinen Spiegel, darinn du dich zu besehen dein Wohlgefallen hattest.

24. Gott meiner Väter! es ist Zeit, daß du jene seligen Tage unter uns und auf die Erde zurück kehren lassest — jene heiteren, schönen Lenztage, die das Glück des Menschen waren, und die er nie hätte vergessen sollen.

E n d e.

München,
gedruckt bey Joseph Zangl, bürgerl. Stadtbuchdrucker.